falter 16

HELLA KRAUSE-ZIMMER

Warum haben Engel Flügel?

Der Engel als Bild
und Begegnung

VERLAG FREIES GEISTESLEBEN

Die Deutsche Bibliothek – CIP-Einheitsaufnahme

Krause-Zimmer, Hella:
Warum haben Engel Flügel? Der Engel als Bild
und Begegnung / Hella Krause-Zimmer. –
1. Auflage. – Stuttgart: Verlag Freies Geistesleben, 1993
(Falter, 16)

ISBN 3-7725-1066-3

NE: GT

© 1993 Verlag Freies Geistesleben GmbH, Stuttgart
Schutzumschlag: Doris Hecht / Walter Schneider
Druck: Offizin Chr. Scheufele, Stuttgart

Inhalt

Vorwort: Die Suche nach dem Engel 7

Warum haben Engel Flügel? 11

Engelsflügel und Bewußtseinsstufen 20

Ein Kind fiel aus dem Reigen 32

Die Gespielen des Jesusknaben 38

Leonardos und Grünewalds
Verkündigungen – zwei Welten 48

Veränderungen und Verlust 63

Neue Engel? 69

Der rote Engel 75

Epilog: Jakobs nächtlicher Kampf 79

Bildnachweis 92

Vorwort.
Die Suche nach dem Engel

Wir haben den Engel verloren.

Hat er auch uns verloren, weil wir das andere Ende des Fadens fallen ließen?

Steht er ratlos vor dem Abgrund, den wir mit dem Verdikt: «Engel gibt es nicht» aufgerissen haben?

Wie war das, als es diesen Abgrund noch nicht gab, wie kann es heute und morgen sein, falls wir das andere Ende des Fadens neu aufnehmen werden?

Jüngst hat man festgestellt, daß der Engel, der aus unserem Denken und sogar aus der Theologie verschwunden ist, durch andere Türen wieder hereinkommt – in der Dichtung und der Musik. Und dort nicht etwa nur durch ernste und große Türen, wie bei Rilke und Richard Wagner, sondern durch abertausend Schlagertexte und viele Filme. Meist verkitscht und oberflächlich – aber dennoch: Der Engel ist wieder präsent.

Und gängig ist die Redensart, daß ein Mensch einem anderen «zum Engel» werden könne. Es scheint, daß der menschliche Lebensbereich sich ohne Hinzunahme des Engelgedankens gar nicht voll ausdrücken läßt. Wollte jemand die Frage erheben: «Warum sollen wir denn auf die Suche nach dem Engel gehen?», so liegt hier die Antwort.

Der in vielem so vorausfühlende und auch vorausformulierende Dichter Rainer Maria Rilke hat das in seinem Gedicht *An den Engel* so ausgesprochen:

Mach mich angeschauter bei den Sternen,
Denn ich schwinde hin.

Begreifen wir Sterne nur als Weltenkörper oder Weltennebel, so haben diese Sätze keinen Sinn. Ein Weltennebel «schaut» nicht. Was schauen kann, sind die Intelligenzen, die zu den Sternen gehören: sind Hierarchien, deren geistige Wirkensorte sich andeuten durch das, was wir Sterne nennen. Rilke spricht zum Engel, zum persönlichen Engel; er klagt, er schreit, und er fürchtet, nicht gehört zu werden. Er erbittet von dem Engel, daß er *leuchten* möge, damit der Mensch, von seinem Engel angeleuchtet, von den Sternen besser gesehen werde. Der Engel also soll dem Menschen helfen, daß er nicht aus dem Bewußtsein dieser höheren Hierarchien herausfalle, ja, daß diese ihm eine größere Aufmerksamkeit zuwenden können: «Mach mich *angeschauter* bei den Sternen.»

Und warum dieser angstvolle Anruf an den Engel? Der Dichter spricht es aus. «Denn ich schwinde hin.» Rilke bemerkt, daß wir Substanz verlieren, daß wir immer enger und dünner werden in der Konsistenz unserer Entelechie. Mit anderen Worten, er fleht den Engel an, ihm seine geistige Realität zu retten, sein Bürgerrecht im Ewigen, denn er fühlt, daß sich sein Menschsein sonst nicht halten läßt.

Mit dieser Erfahrung als Grundlage kann man sagen: Wer heute seinen Engel verliert, wird morgen sein Menschsein verlieren. Er verliert die Ergänzung seines Wesens nach oben. Rilkes Gedicht ist der Angstruf eines Menschen, der sich in seiner Existenz von der Auflösung bedroht fühlt. Bedarf es angesichts der heutigen Welt und der seelischen Not so vieler, nicht nur junger, Menschen hierzu eines Kommentars?

Doch wir sind sehr ungeübt in der Annäherung an den Engel. Versuchen wir daher einen von vielen möglichen Wegen – folgen wir vorsichtig einzelnen Fußstapfen, die sich aus Vergangenheit und Gegenwart in der bildenden Kunst zeigen. Wir gehen als heutige Menschen mit unseren heutigen Fragen und Gedanken und bemühen uns, zu lesen und zu enträtseln, was diese Spuren uns verraten können.

Ein großes Thema für ein kleines Buch. Hoffen wir, daß es dennoch fruchtbar werde. Denn nicht nur das Thema, auch Engel können sich groß oder klein machen und bleiben doch die gleichen. Mögen sie in unseren Gedanken walten.

Warum haben Engel Flügel?

Engel werden in der Regel mit Flügeln dargestellt. Nur in wenigen Ausnahmefällen wird auf sie verzichtet, etwa bei der Verkündigung, wo Gabriel zuweilen ein Jüngling ist, ohne Flügel. Sonst kennzeichnen gerade die Flügel den Himmelsboten, sind sein Erkennungsmerkmal als ein nicht irdisches Wesen. Dabei handelt es sich um ein einziges Flügelpaar. Die Verdoppelung kommt kaum vor; dagegen sind sechs Flügel (also drei Flügelpaare) den höchsten Hierarchien vorbehalten: den Seraphim, Cherubim und Thronen. Diese bedecken meist Antlitz und Füße mit den Flügeln und sind vollständig rot, besonders wenn sie unmittelbar in Gottesnähe – die Erscheinung Gottvaters tragend – in den Höhen schweben.

Die Flügel, welcher Engel auch immer, sind den Fittichen der Vögel nachgebildet, aber dieser Naturalismus wird durch die *Farbe* gebrochen. Leuchtende, quergestreifte Farbfelder schmücken die Flügel der Engel von Beato Angelico in Italien bis Jörg Stocker in Deutschland (Abb. 1 und 2). Oder aber das Flügelpaar ist mit schimmernden Pfauenaugen bedeckt, wie bei Filippo Lippi und bei oberrheinischen Meistern. In anderen Fällen ist das Flügelpaar außen dunkel und innen hell, so daß Adler- und Schwanenwesen sich darin paaren, was zugleich das Geheimnisvolle des Engels unterstreicht: Erst wenn er die Flügel aufdeckt, zeigt sich sein Lichtwesen und seine Lichtbotschaft (Abb. 3).

Durch die Farbe wird das Vogelwesen mit einem anderen Tier der Luft verbunden – mit dem Schmetterling. An ihm erleben wir am stärksten die im Licht schimmernde, durch die Luft gaukelnde Farbigkeit.*

Auch das negative Gegenbild, die Darstellung von Teufeln und Dämonen, hat ein flügelähnliches Kennzeichen. Auch diese sind ja unirdische Wesen, aber ihre Repräsentanten haben keine Beziehung zur Vogel- oder Schmetterlingswelt. Sie sind lichtscheu, lieben Dämmer und Dunkel, und ihre

---

* Vom Schmetterling leiht man die Flügel*form* nicht für Engel, sondern seit der Antike sind Schmetterlingsflügel das Zeichen der Psyche, der menschlichen Seele.

Abb. 1: Jörg Stocker, Verkündigung, 1496.
Aus dem großen Tafelaltar von Ennetach.
Sigmaringen, Fürstlich Hohenzollernsche Sammlungen.

*Abb. 2: Lorenzo Monaco (1370–1425), Verkündigung (Triptychon).
Florenz, Accademia di Belle Arti.*

Flügel sind wie verzerrte Nachbildungen des in die Höhe tragenden Gefieders. Es sind gar keine wirklichen Flügel, sondern Flughäute, Gleitschirme – wie bei den Fledermäusen.

Kehren wir zu den Engelsflügeln zurück.

Wenn wir beispielsweise die Szene der Verkündigung vor uns haben, so wissen wir aus der Bibel: Der Engel erscheint vor Maria und verschwindet wieder. Er zieht sich gewissermaßen aus dem Unsichtbaren zusammen, bis er vor ihr sichtbar werden kann, und er löst sich wieder auf in sein eigentliches Element, die sogenannten überirdischen Welten, wenn die Botschaft erfüllt ist.

Er kommt von weit her, das zeigt sein kräftiges Flügelpaar, das manchmal ganz gewaltig ausschwingt. Der Engel – Angelos – ist *Bote* und hat von daher eine gewisse Verwandtschaft mit dem antiken Merkur. Auch dieser hatte Flügel, aber nur kleine, an den Fersen oder der Kopfbedeckung angeheftete. Der christliche Engel hat nicht solche Geschäfte, wie sie von der menschennahen griechischen Götterwelt dem Hermes/Merkur öfter aufgetragen wurden – bei ihren Liebeshändeln und sonstigen Interessen zu vermitteln.

Die Engelwelt wird vom Willen der hohen Göttlichkeit getragen, und ein kräftiger Geisteswind

*Abb. 3: Hans Pleydenwurff (1420–1472), Verkündigung.
Hofer Altar, linker Flügel des inneren Flügelpaares.
München, Alte Pinakothek.*

leitet und bewegt sie. Ihre Botschaften sind groß, einschneidend und machen die Verbindung zwischen Himmelswelt und Erdgeschehen deutlich. Was von ihr in die Sichtbarkeit tritt – sei es vor Jakob, der mit dem Engel kämpfte, bei Maria oder auch bei einem heutigen Menschen –, ist stets nur ein momentaner Ausschnitt der immer vorhandenen, aber für gewöhnlich unsichtbaren Welt.

Wie tief es begründet ist, daß durch Jahrtausende hindurch hierarchische Himmelswesen geflügelt dargestellt wurden (in der Antike waren es Genien und Niken, Schutzgeister und Siegesgöttinnen) und daß dies als richtiger Wegzeiger in ihre Welt empfunden wird, darüber gehen uns die Augen erst richtig auf, wenn wir studieren, was Rudolf Steiner vom Standpunkt der Geisteswissenschaft über das Vogel- und Schmetterlingswesen sagt. Dann sehen wir unser Gefühl bestätigt, daß Engelsflügel nicht eine von irgend jemandem gut ausgedachte Allegorie sind, sondern daß hier auf etwas grundsätzlich Richtiges geblickt wird.

Schmetterlinge und Vögel begleiten die Menschheit von ihren frühesten Entwicklungsstufen an. Aber sie sind Wesen, die sich mit der irdischen Materie am allerwenigsten belasten. Und was sie aufnehmen müssen, das vergeistigen sie

17

und strahlen es in den Kosmos zurück. Dem Schmetterling ist die Erde nur wie ein Spiegel des Himmels, er nimmt nur die feinste staubhafte Materie auf seine Flügel und macht sie durch Licht und Farbe leicht und himmelzugewandt. Selig taumelt er in seinem Farbenglanze über die Welt – ein beinahe nicht irdisches Wesen.

In einem Vortrag gibt Rudolf Steiner folgende Darstellung:

«In den Schmetterlingen, in den Vögeln haben wir etwas, was erinnert an jene Geistformen, unter denen der Mensch gelebt hat, bevor er auf die Erde herabgestiegen ist, an die Wesen der höheren Hierarchien. Mit Verständnis Schmetterlinge und Vögel angeschaut, sind sie eine ins Kleine umgesetzte, metamorphosierte Erinnerung derjenigen Formen, die man als Geistformen um sich hatte, als man noch nicht herabgestiegen war in die Erdenentwickelung. Weil die Erdenmaterie schwer ist und überwunden werden muß, so ziehen die Schmetterlinge ihre gigantisch große Gestalt, die sie eigentlich haben, ins Kleine zusammen. Wenn Sie von einem Schmetterling absondern könnten alles, was Erdenmaterie ist, so würde er sich allerdings zur Erzengelgestalt als Geistwesen, als Leuchtewesen ausdehnen können. Wir haben schon in denjenigen Tieren, die die Lüfte bewohnen, irdische Abbilder dessen, was in höheren Regionen auf geistgemäße Art vorhanden ist. Daher war es in der instinktiven Hellseherzeit ein selbstverständliches künstlerisches Wirken, aus den Formen der Flugtiere die symbolische Form, die bildliche Form der Geistwesen der höheren Hierarchien zu bilden.»[*]

Daß das, was irdisch in den Flügeln ausgedrückt wird, auch als nicht irdische Realität existiert, wissen wir eigentlich sehr gut. In großen und besonders glücklichen Momenten «bekommt die Seele Flügel». Da ist plötzlich eine Schwungkraft, eine seelische Leichtekraft vorhanden. Sie trägt in die Höhen, die Last des Irdischen wird nicht mehr gefühlt. In solchen Momenten können wir zu Gedanken und Taten fähig werden, die uns sonst nicht gelingen. Wir sind locker, geistoffen – *beschwingt*.

Und eben: Engel sind *immer* beschwingt und dienen mit ihrer Beschwingtheit dem Göttlichen. Deshalb haben sie, ins irdische Bild transponiert, *Flügel*.

[*] 28. Oktober 1923 in Dornach. In: *Der Mensch als Zusammenklang des schaffenden, bildenden und gestaltenden Weltenwortes.* GA 230. Dornach ⁶1985.

Engelsflügel
und Bewußtseinsstufen

Der Mensch hat zwei Arme. Was er mit ihnen ausführt, kann er in der Regel mit seinem Bewußtsein lenken. Meistens beziehen sich ihre Bewegungen auf ein- und denselben Vorgang. Wir fassen mit ihnen einen Gegenstand, heben, tragen. Oder aber eine Hand ist in Ruhe und die andere in Bewegung, sie schreibt, putzt oder kämmt. Öfter halten wir mit der Linken etwas fest und betätigen uns mit der Rechten. Das alles geht ohne Schwierigkeiten. Problematisch wird es in dem Moment, wo wir mit jeder Hand bestimmte unterschiedliche Handlungen vollziehen sollen. Es erfordert – zum Beispiel in den Bewegungskünsten Tanz und Eurythmie – sehr viel Übung; in der Artistik wird es zum «Kunststück». Etwa mit der Rechten auf einem Stab einen Teller, mit der Linken einen Reifen zu drehen und vielleicht auch noch einen mit dem Fuß. Das sind bestimmte, mühsam antrainierte

Bewegungen. Das Schwierige daran ist nicht so sehr die Bewegung an sich, als vielmehr das geteilte Bewußtsein, die vervielfältigte Aufmerksamkeit, die dazu nötig ist. Im normalen Leben nimmt es uns hinreichend in Anspruch, unsere Konzentration darauf zu verwenden, das gut zu tun, was wir mit beiden Händen verantwortlich verrichten können. Daß bestimmte berufsspezifische Bewegungen uns auch bisweilen zu etwas «Artistik» befähigen, liegt weniger im Bewußtseins- als im Gewohnheitsvermögen begründet.

Sehen wir die Abbildung einer indischen Gottheit, einen tanzenden Shiva etwa, mit einer größeren Anzahl von Händen, die alle etwas anderes halten, so können wir das zum Anlaß nehmen, uns einmal vorzustellen, wie es wäre, wenn auch wir sechs oder zwölf Arme hätten, die wir sinnvoll betätigen müßten. Es wird einem dabei schnell klar, daß dies nicht ein Problem der Bewegung, sondern des Bewußtseins wäre. Man begreift, daß die vielen Arme «Götterbewußtsein» andeuten, erweitert und differenziert über das uns mögliche Maß hinaus: gleichzeitige Überschau über verschiedenste Handlungsabläufe, Willensimpulse nach den verschiedensten Richtungen – nicht nacheinander, sondern nebeneinander, außerhalb der Zeit.

Was uns so aus Zeugnissen alter, vorchristlicher Kulturen entgegentritt und was wir in der Regel als fremd empfinden, als «unnatürlich» und unsere menschliche Verfassung verwirrend, dafür haben wir dennoch auch in der christlichen Kunst eine Entsprechung bei den Engelsflügeln. Sie begegnen uns in Malerei und Plastik als aus den Schulterblättern hervorwachsende Federgebilde. Als Ausdruckswert werden sie meistens neutral behandelt: Sie entfalten sich symmetrisch; ob aufgeschlagen oder zusammengelegt deuten und bedeuten sie nichts als eben ein Merkmal dieses Wesens: Engel. Die eigentlichen und sinntragenden Gesten des Engels liegen in seinen Händen und Armen wie beim Menschen.

Aber nicht alle Engeldarstellungen sind von dieser Art. Zuweilen stellt es der Künstler so dar, daß die große Handgebärde durch eine begleitende Flügelgebärde unterstützt wird, zum Beispiel in einem Sakramentar aus Fulda (Abb. 4), oder daß die Handgeste nur Andeutung ist, aber vom groß ausschwingenden Flügel bedeutungsvoll übernommen wird (Abb. 5).

In anderen Fällen nimmt der Engel gerade dort, wo die Handgeste den Ausdruck bei sich versammelt, den Flügel zurück, er stumpft ihn ab,

*Abb. 4: Verkündigung an die Hirten.
Sakramentar aus Fulda, um 970.
Göttingen, Universitätsbibliothek.*

*Abb. 5: Mariä Verkündigung. Kölnisch,
1. Hälfte des 14. Jahrhunderts.
Köln, Wallraf-Richartz-Museum.*

*Abb. 6: Der Strom des lebendigen Wassers.
Miniatur der Bamberger Apokalypse.
Reichenau, um 1020.
Bamberg, Staatsbibliothek.*

*Abb. 7: Evangelistar von Speyer, um 1200.
Karlsruhe, Badische Landesbibliothek.*

*Abb. 8: Evangelistar aus St. Peter, Karlsruhe, 1230.
Karlsruhe, Badische Landesbibliothek.*

entfaltet die großen, spitz zulaufenden Schwingfedern nicht, obgleich Platz genug dazu wäre. Hier ist ganz offensichtlich der Freiraum gewollt, beispielsweise in der Bamberger Apokalypse (Abb. 6). Diese Engel durchdringen ihre Flügel mit Bewußtsein. Jetzt unterscheiden sie sich stark von Vogelflügeln, welche nur der instinktiven Bewegungen fähig sind, die ihnen die Natur eingibt. Die Flügel werden zum Ausdruck eines stärkeren Bewußtseins. Ihre Bewegungen sind selbständig und können auch konträr zur Handgeste eingesetzt werden, wie bei dem Osterengel des Evangelistars von Speyer, der mit der Rechten nach unten, in den leeren Sarkophag weist (die Worte verdeutlichend: «Er ist nicht hier») und mit dem diagonal in die Höhe stoßenden Flügel die andere Hälfte, die größere und entscheidendere: «Er ist auferstanden!» verkündet. Hier ist der äußere Flügel eingezogen und die gesamte Deutungskraft in den Innenflügel verlegt (Abb. 7). – Umgekehrt macht es der Engel des Evangelistars aus St. Peter in Karlsruhe (Abb. 8): Der Flügel weist ins leere Grab, und die Hand deutet nach oben.

Der Engel der Hirtenverkündigung (12. Jahrhundert; Abb. 9) nutzt sein Flügelpaar, um den Zusammenhang mit der oberen Welt zu halten und zu zeigen. Wie eine mächtige Helmzier steigen

*Abb. 9: Hirtenverkündigung, spätes 12. Jahrhundert.
Cotton Ms. Caligula A VII folio 6ᵛ.
London, British Library.*

die farbigen Flügel über seinem Haupte empor. Das Bild ist zu einer Zeit gemalt, da man noch Helmzieren kannte und trug. Was sie ursprünglich «bedeuteten», kann man an diesem Engel sehen.

Sind nun nicht nur Engel oder Erzengel gemeint, sondern höhere und höchste Hierarchien, dann steigern die Künstler die Flügelpaare zu drei bis vier, das heißt zu sechs bis acht Einzelflügeln, welche in verschiedenen Gebärden den unkörperlichen Körper verdecken oder darstellen. Zuweilen werden Hände und Füße beigegeben, wie beim Cherub vom Maurinus-Schrein (Abb. 10). Welch eine Bewußtseinskraft kann so viele «Glieder» beherrschen, ordnen, bewegen und durch sie Intentionen in den Kosmos senden? Worin liegt der graduelle Unterschied der Geister letztendlich? *In der Umfassendheit, Kraft und Klarheit des Bewußtseins*. Davon hatte man längere Zeit auch in der christlichen Kunst noch eine Ahnung. Dann versank dieser Hintergrund, von der dogmengeprägten Religion immer mehr zurückgedrängt und überflüssig gemacht. Und die Künstler verzichteten auf das – auch künstlerisch – so reiche Ausdrucksmittel der differenzierten Flügelbewegung. Nur im Farbenschimmer träumten sie noch von einer höheren, anders gearteten Welt.

Abb. 10: Nicolaus von Verdun (12./13. Jahrhundert), Cherubin, Detail vom Maurinus-Schrein. Köln, St. Pantaleon.

Ein Kind fiel aus dem Reigen

*E*ngel ist nicht gleich Engel. Es gibt die großen Angeloi, deren Erscheinung den Menschen in Schrecken oder Bewunderung versetzt; es gibt aber auch – besonders häufig auf den Bildern der Maler des fünfzehnten Jahrhunderts – die Kinderengel. Sie haben nichts gemein mit dem ernsten Botenwesen der «eigentlichen» Engel. Sie sind verspielt, klein – eben Kinder. Aber geflügelt. Das heißt, sie sind Kinder «im Engelstand». Noch nicht irdisch, warten sie dicht hinter der Grenze, die Irdisches von Überirdischem trennt, auf ihre Verkörperung. Daß wir denken dürfen, die Maler selbst hätten so gedacht, darauf finden wir zum Beispiel in Albrecht Altdorfers Bild *Geburt der Maria* einen deutlichen Hinweis (Abb. 11).

Der Maler lebte von 1480 bis 1538. Seine Bilder zeichnen sich oft durch eine überraschend tiefe Weisheit aus. Engelkinder, etwa bei der Jesusgeburt, hat er mehrfach gemalt, aber im Bild der Mariengeburt stoßen wir doch auf etwas ganz Besonderes.

Das Bild ist höchst unüblich. Das Bett der Mutter Anna mit der Wiege des Kindes und Truhe und Stuhl ist in die hohe Halle einer Kirche gestellt. Eine Frau bringt der im Bett sitzenden Anna ein kräftigendes Mahl, eine andere geht mit einem Krug, als wolle sie Wasser holen, eine dritte Frau hält das eben geborene Kind im Schoß. Joachim kommt mit einem Brot unter dem Arm die wenigen Stufen hinauf in diese merkwürdige Wochenstube. Oben aber, um die Säulen der Kirche, schwebt weit durch den ganzen Raum ein Reigen von geflügelten Kindern in farbigen Kleidchen.

Hören wir erst einmal, was ein Altdorfer-Kenner zu diesem Gemälde sagt. Franz Winzinger schreibt in seinem großen Band *Albrecht Altdorfer, die Gemälde* folgendes:

«Ziemlich genau in der Mitte seiner Schaffenszeit entstand eines der reifsten und großartigsten Meisterwerke Altdorfers, die *Mariengeburt* in München. In dieser mächtigen Bildtafel besitzt die Architektur das entscheidende Übergewicht, aber über die Raumgestalt ist nur schwer eine klare Vorstellung zu gewinnnen ...[Es] sind alle Räume in den Durchblicken zwischen den dunklen Pfeilern nur rein gefühlsmäßig eingetragen und zwar so, daß sich durch möglichst interessante Überschneidungen

33

*Abb. 11: Albrecht Altdorfer,
Geburt Mariae. Um 1520.
München, Alte Pinakothek.*

die abenteuerlichsten Raumbilder ergeben, die untereinander nur schwer in irgendeine sinnvolle Verbindung gebracht werden können … Es geht Altdorfer um eine ‹Versinnlichung› des Raumes, der als ‹bewegter Raum›, etwa wie beim Abschreiten einer spätgotischen Hallenkirche, erlebt werden soll. Dieses Fluten des Raumes hat sich in dem Engelsreigen geradezu materialisiert. Diese völlig antiklassische, undürerische Erfindung konnte in dieser Form nur im Bereich der Donauschule entstehen, eigentlich nur bei Altdorfer. Trotz einer geradezu traumhaften Unlogik besitzt das Bild eine wunderbare innere Einheit und Geschlossenheit … Die Willkür dieser Architektur wird durch eine höhere Ordnung gerechtfertigt, durch jene überlegene Folgerichtigkeit, über die nur die großen Künstler verfügen und vor der alle Wirklichkeit blaß und ärmlich wirkt … Dieser beträchtliche Aufwand an Architekturformen erhält aber erst Sinn und Wirkung durch den großen Engelsreigen. Er ist eine Erfindung, die in ihrer Kühnheit und dichterischen Kraft auch im Werk Altdorfers ohne Beispiel ist. Durch ihre Stellung hoch über der Augenhöhe des Betrachters sind die einzelnen Engel in Untersicht und oft in geradezu verwegener Verkürzung und Haltung gegeben. Der riesige Kranz erschließt den

Raum, indem er seine Durcheilbarkeit anschaulich macht.»[*]

Betrachtet man diesen Reigen genauer, so fällt auf, daß er nicht nur durch den Raum flutet, wobei sich die Engelchen nach Art von Kindern an den Händen halten, sondern daß sich dieses unkomplizierte Spiel an einer Stelle «verheddert». Im Vordergrund kommt eines dieser Schwebekinder mit seinen Armen nicht zurecht: Es packt, wie um rasch den Reigen zu schließen, das Handgelenk des Kameraden links in einer überkreuzten Geste, die sein Gesichtchen verdeckt. Dadurch entsteht eine Haltung, die ihm das freie Weiterschweben im Kreis höchst unbequem machen muß. Hier hat also der flutende Reigen einen Knotenpunkt, einen Akzent. Und der befindet sich genau über dem neugeborenen Marienkind, das unten im Schoß einer Pflegerin liegt. In diese Beziehungslinie schwingt ein großer schwebender Engel Weihrauchwolken ein.

Was ist hier geschehen? Fiel ein Kind aus dem Reigen, so daß an dieser Stelle eine Verwirrung entstand und eine Lücke schnell geschlossen werden mußte? Dieses Kind liegt nun unten inkarniert und

---

[*] *Albrecht Altdorfer. Die Gemälde.* Gesamtausgabe von Franz Winzinger. München und Zürich 1975. S. 34ff.

blickt zu seinen bisherigen Geschwistern Abschied nehmend hinauf. Und die noch nicht geborenen, verlassenen Gespielen nehmen im wahrsten Sinne «bewegt» an der geglückten Geburt Mariens teil.

Ein großer, «echter» Engel heiligt und markiert die senkrechte Herabkommens-Linie dieser Seele, deren Geburt eine so große Bedeutung für die Menschheit hat.

Mit dem Kirchenbau deutet Altdorfer in seiner erfindungsreichen Art an, was hier geschieht. Es ist nicht diese oder jene bestimmte Kirche, sie ist weder romanisch noch gotisch noch von der Renaissance geprägt, sondern stellt die übersinnliche Realität der christlichen Kirche überhaupt dar. Es ist die Konsequenz, die diese Geburt in sich trägt, denn die Herabsendung der Marienseele ist die Voraussetzung für die Inkarnation Jesu.

Das christliche Weltgebäude beginnt sich mit der Geburt Mariens herabzusenken. Was auf Erden noch unbemerkt vor sich geht, fühlt man im Überirdischen: Das feiern jene Seelen, die Maria bald in die Inkarnation folgen werden. Nicht «traumhafte Unlogik» waltet hier, sondern eine über die Grenze des Irdischen ausgeweitete Empfindung, die sich wider alle irdische Logik einen künstlerischen Ausdruck verschafft.

Die Gespielen des Jesusknaben

*I*n anderer Form treffen wir das Thema der Kinderengel bei Lucas Cranach dem Älteren an, der von 1472 bis 1553 lebte. Auf seinem Gemälde *Ruhe auf der Flucht* (Abb. 12) blicken wir in eine typisch deutsche Landschaft, in der die heilige Familie auf ihrer Flucht nach Ägypten rastet. Aus einem Felsen rinnt in feinen Wasserfäden das frische Naß einer Quelle, die sich dann als kleines Bächlein zwischen bemoosten Steinen hindurchwindet und in einem kleinen See zu Füßen der Maria sammelt. Windzerzauste Bäume stehen im Hintergrund, aber Sonne liegt auf allem, und eine friedliche Landschaft dehnt sich im Rücken. Maria, ganz in Rot gekleidet, hält das nackte Knäblein auf ihrem Schoß. Der kleine Jesus hat keinen Grund, sich einsam zu fühlen; er sieht sich begleitet von vielen Gefährten. Drei Engel in langen Kleidern geben ihm ein Konzert.

*Abb. 12: Lucas Cranach der Ältere,
Ruhe auf der Flucht nach Ägypten, 1504.
Berlin, Gemäldegalerie.*

Von diesen bekleideten Engelmädchen setzt Cranach aber fünf nackte Knäblein ab, die dem Jesuskind gleichen, nur, daß sie Flügel haben. Der eine reicht ihm Erdbeerpflänzchen mit reifen, roten Beeren zu, ein anderer holt Wasser an der Quelle, ein dritter bringt einen Vogel herbei, den er offenbar ziemlich rigoros im Flug gefangen hat und an den Flügeln hält. Ein Knabe blickt dem singenden Engel aufs Blatt, ein weiterer schließlich schläft selig am moosigen Stein bei der Quelle. Joseph mit Wanderstab steht hoch aufgerichtet in der Mitte des Bildes – eine Stütze im Hintergrunde. Er und Maria blicken den Betrachter an. Im Unterschied zum Jesusknaben ist es bei den Erwachsenen fraglich, ob sie von der übersinnlichen Begleitung überhaupt etwas wahrnehmen.

Auf einem Holzschnitt zum gleichen Thema (Abb. 13) läßt Cranach die Knäblein im Reigen um Mutter und Kind tanzen. Das erinnert uns an den Engelreigen bei Altdorfer, nur wird hier bereits die Geburt Jesu gefeiert. Daß es sich bei diesen geflügelten Knaben durchaus nicht nur um liebevolle, engelhafte Seelen handelt, sondern um Seelen, die – zwar ungeboren – doch recht irdisch-unvollkommene Triebe haben können, zeigt er an den zwei

40

Abb. 13: Lucas Cranach der Ältere, Ruhe auf der Flucht, Holzschnitt.

bösen Buben, die oben im Geäst rücksichtslos ein Vogelnest ausnehmen, während die angstvollen Eltern schreiend herbeigeflogen kommen.

Geflügelte Kinder oder Kinderköpfchen, vor allem um die Madonna, findet man auch auf vielen italienischen Bildern. Rudolf Steiner machte auf die Köpfchen in den Wolken um die Sixtina von Raffael aufmerksam und gab das Schlüsselwort von den ungeborenen Seelen, die sich um die Inkarnation Jesu drängen.

Lucas Cranach der Jüngere hat sich das von seinem Vater überlieferte Motiv derart zu Herzen genommen, daß es auf manchen seiner Bilder eine geradezu beängstigende Invasion solcher nackter Bübchen gibt. Auf dem Bild einer Christgeburt (Abb. 14) zum Beispiel strömen sie dicht gedrängt auf einer Wolke herein – bewundernd, anbetend. Einzelne sind schon vorausgelaufen und umstehen die Krippe wie vervielfältigte Jesuskinder, nur, daß sie eben Flügel tragen.

Jesus, der ihnen auf Erden das Heil bereiten wird, ist ihnen mutig vorausgegangen. Sei es, daß es inkarnationsreife Kinderseelen sind oder solche, die schon nach kurzer Lebenszeit ihren Leib haben verlassen müssen – Jesus, das «Kind der Kinder», das Urkind, versammelt alles kindliche Schicksal in sich. Er heiligt, er bekräftigt das Ereignis der Erdengeburt. Wie der Christus nach seinem Tod in die Welt der Verstorbenen steigt, so ist als Pendant die Jesusgeburt eine wichtige Wegbereitung für die vorgeburtliche Welt.

Blicken wir noch einmal zu Altdorfer. Auch er hat das Thema *Ruhe auf der Flucht* (Abb. 15) gemalt und es gleichzeitig als ein Devotionsbild auserwählt, das er mit folgender Widmung begleitete:

> *Albrecht Altdorfer, Maler zu Regensburg,*
> *weihte zu seinem Seelenheil dies Geschenk Dir,*
> *hehre Maria, gläubigen Herzens. – 1510*

Der das malte und schrieb, war kein zurückgezogener Mönch, sondern ein tätiger Mann, betraut mit vielen öffentlichen Aufgaben als Stadtbaumeister und als Friedensrichter. Bürgermeister von Regensburg zu werden lehnte er allerdings um seiner Malerei willen ab.

Auch seine *Ruhe auf der Flucht* ist in mancherlei Beziehung ungewöhnlich. Wir achten jetzt nur auf unser Thema. Maria sitzt auf einem großen, dunklen Ledersessel – hat ihn Joseph für sie aus einem Haus herbeigetragen? – an einem Brunnen und

Abb. 14: Lucas Cranach der Jüngere, Geburt Christi.

hält den kleinen nackten Jesus im Schoß. Auf dem Brunnenrand sind bekleidete Engelkinder zu erkennen, und auch auf einem kleineren Becken darüber sehen wir zwei, eines bekleidet und eines unbekleidet. Der Brunnentrog ist dicht gefüllt. Ein Kind klettert gerade heraus. Ein anderes strebt mit ausgestreckten Armen Jesus zu, als solle er ihm auch aus dem Wasser heraushelfen.

Das Wasserelement mit diesen geflügelten Kinderchen erinnert hier an den «großen Teich», aus dem die Kinder kommen, aus dem auch Jesus gerade gekommen ist und wohin er sich zurückwendet. Die irdische Welt interessiert ihn noch nicht; verbunden fühlt er sich noch jener Sphäre, die er eben verlassen hat und in der die anderen sich noch tummeln.

Auf der Tafel unter dem Brunnen steht – in lateinischer Sprache – die oben zitierte Widmung Altdorfers.

Was sich in diesen Bildern bezeugt, ist ein uns heute fremd gewordenes Gefühl für die Vorgeburtlichkeit – für eine Phase, die sich in Engelnähe abspielt. In dieser Phase haben alle Seelen noch Flügel, die sie mit der Geburt verlieren, was dann an dem inkarnierten Kind – und sei es auch Jesus oder Maria – deutlich wird.

Abb. 15: Albrecht Altdorfer, Ruhe auf der Flucht, 1510.

Leonardos und Grünewalds Verkündigungen – zwei Welten

Am meisten hat sich das Engelwesen dem christlichen Bewußtsein durch die große Zahl von Verkündigungsdarstellungen eingeprägt. Hier tritt der Engel in voller und höchster Botenmission auf. Dabei wird anschaulich, wie sich das Zusammenstoßen der menschlichen Seele mit der Engelwelt gestalten kann.

Die weite Palette von Verkündigungen, die uns die Malerei vor Augen führt, zeigt alle nur möglichen Regungen, vom Erschrecken bis zur stillen, verinnerlichten Annahme, vom Ausweichen bis zum Entgegenneigen, vom Befremden und Überraschtsein bis zur fast traumhaften, wehrlosgehorsamen Hinnahme. Alles das, was so in vielen Bildern vor uns entfaltet wird, schließt sich gegenseitig nicht aus, sondern kann sich sogar in einem zeitlosen Momente gleichzeitig in einer Seele abspielen.

Abb. 16: Matthias Grünewald, Verkündigung an Maria.
Isenheimer Altar.
Colmar, Musée d'Unterlinden.

Betrachten wir zwei sehr unterschiedliche Verkündigungen, die etwa zur selben Zeit entstanden
– in Italien von der Hand Leonardo da Vincis
(Abb. 17) und in Deutschland aus dem Pinsel
Grünewalds (Abb. 16).

Leonardo und Grünewald treten wie ein gewalti-
ges Gegensatzpaar vor die Seele: Repräsentant des
südlichen Kunstimpulses der eine, des nördlichen
der andere. Leonardo, 1452 bis 1519, lebte die
längste Zeit in Italien und starb in Frankreich.
Grünewalds Geburtsjahr liegt um 1470, er starb
1528 in Frankfurt. Ob er Deutschland je verlassen
hat, wissen wir nicht.

Es kann auffallen, daß der Madonnentypus der
beiden eine gewisse Ähnlichkeit hat: Sie bevor-
zugen reife, schöne, hoheitsvolle Frauen, nicht
magdliche, sondern königliche Erscheinungen.
So Leonardo in seiner Felsengrottenmadonna
und Grünewald im Stuppacher und Colmarer
Altar.

In den Werken, in denen beide Meister ihre
höchsten Fähigkeiten entfalten, haben sie sich,
soweit wir wissen, thematisch nicht berührt.
Leonardos Werk gipfelt im Abendmahl. Von
Grünewald kennen wir dieses Thema nicht. Sein
wiederholtes Thema ist die Kreuzigung mit ihrem

Höhepunkt im Colmarer Altar – ein Thema, dem sich Leonardo nie gewidmet hat.

Vergleichbar aber, ja, zum Vergleich geradezu herausfordernd, sind die Verkündigungen der beiden Meister. Welten trennen sie. Bei Leonardo die wohlgestellte Ordnung in freier südlicher Natur. Maßvolles Erschrecken der Maria gegenüber einer aus Entfernung gegebenen Botschaft. Und bei Grünewald Geistessturm im Innenraum! Mit wehenden Gewändern – ein brausendes Ereignis – kommt Gabriel. Maria beugt sich fort mit einem Antlitz, das aus der Alltäglichkeit ganz herausgerissen ist. Sie fühlt ihr Schicksal auf Schwertes Schneide, so durchzuckt sie das Erschrecken.

Bei Leonardo dagegen *sitzt* Maria; die Beinpartie mit den geöffneten Knien ist vom blauen Mantel verdeckt. Vor ihrem Leib buchtet sich des Mantels Innenseite in schalenbildenden Querfalten von leuchtender Goldfarbe. Querformat. Die Himmelszone stark abgeschnitten. Ohne Gottvater in den Höhen. Ohne Taube. Maria und der Engel weit auseinander. Der eigentliche Vorgang liegt im Unsichtbaren: in der Spannung des Zwischenraumes. Von des Engels Hand geht eine gezielte Botschaft, ein gezielter Segen aus und strahlt zu Maria hinüber. Verkündet dieser Engel

*Abb. 17: Leonardo da Vinci, Verkündigung.
Florenz, Uffizien.*

nur, oder *bewirkt* er jungfräuliche Empfängnis?
Am Lesepult, welches das Buch mit dem heiligen
Wort trägt, ist eine Muschel sichtbar – das Symbol
reiner Empfängnis.

Maria hebt den linken Arm und nimmt mit der
Innenfläche ihrer Hand die Engelsbotschaft auf.
Handinnenflächen sind subtile Aufnahmeorgane.
Sie können, indem Botschaften in sie hineinge-
klopft werden, Ersatz für das Gehör sein. Dieses
Hand-zu-Hand-Sprechen zeigt sich am stärksten
bei einer Verkündigung Botticellis (Abb. 18).
Möglicherweise hat der junge Leonardo, der mit
etwa zwanzig Jahren die Verkündigungstafel malte
– wobei sich das junge Genie noch mit Stilein-
flüssen von Botticelli und Verrocchio auseinan-
dersetzte –, diese Bildidee auch bei Botticelli kennengelernt. Bei Botticelli verdichtet sich im Mit-
telgrund des Bildes, im kleinen Zwischenraum,
den beide Hände umgrenzen, die unsagbare Botschaft. Maria, mit dem Knie ausweichend, ist
seelisch doch der Botschaft geneigt. Der Körper
erschrickt, aber das Herz sendet dem Engel auf-
nehmende Handflächen entgegen. Fra Angelico,
der viele Verkündigungen gemalt hat, und die
meisten anderen Künstler wissen von dieser
Handberedtheit nichts.

*Abb. 18: Sandro Botticelli, Verkündigung.
Florenz, Uffizien.*

Am deutlichsten zeigt sich Leonardos frühe Meisterschaft an seinem Verkündigungsengel. Eben von oben herabgeglitten, ruht er nicht einfach im Knien, sondern das lautlose Aufsetzen ist noch spürbar. Die Körperhaltung, die Stirn – alles läßt die Mitteilung zu Maria hinströmen.

Die Jungfrau – eben noch hat sie im Buch gelesen – fährt mit Oberkörper und Armbewegung zurück, aber nur so weit, daß sie jetzt ganz gerade aufgerichtet sitzt. Nach rückwärts oder seitwärts beugt sie sich nicht. Die Mauerarchitektur in ihrem Rücken hält sie mit zahnartig vorschießenden Rechtecken wie mit Zangen zwischen sich fest. Ausweichen kann sie nicht. Unausweichliches wird hier verkündet. Das Schicksal, zu dem sie geboren ist, nimmt seinen Anfang.

Dagegen die Verkündigung bei Grünewald: Hochformat und gotischer Innenraum einer Kapelle. Maria hat kniend die Schrift gelesen, die auf einer einfachen Truhe liegt. Der Engel kommt hier von rechts. Im himmlischen Wind der herabeilenden Bewegung weht die Spitze des violettroten Mantels seiner Geste voraus, übertrifft sie an Eile und Dringlichkeit. Vor dieser Mantelspitze, die auf ihr Herz zu schlagen droht, beugt Maria sich weg, weicht mit dem Kopf weit nach rückwärts aus. Keine Mauer umgibt sie. Ein grüner Vorhang gibt ihr Hintergrund, und ein roter Vorhang setzt ihrer Rückwärtsflucht Grenze, aber nichts Zwingendes liegt darin. Ja, es zwingt nichts, aber es stützt auch nichts. Die Kraft, ihr außergewöhnliches Los zu bejahen, muß sie aus sich selber holen.

Und der Engel ist so nah, läßt ihr keine Distanz. Von oben her zielt die Botschaft auf sie. Der Goldgewandete mit dem goldenen Schmuck auf der Brust, rot umwogt vom Mantel, das Kleid von einem hellroten Gürtel gehalten, der wie ein Ausrufungszeichen der Aktivität wirkt – er hat eher michaelischen als gabrielischen Charakter.

Maria hebt mit Händen, die sich nach innen geöffnet falten, die Botschaft an ihr Herz. Aber zugleich strömt die Geste auch dem Engel zu und gleicht durch Bereitschaft die Rückwärtsneigung aus. Mitten im schreckhaften Abwenden nimmt sie an.

Leonardos Maria öffnet die Arme und bietet die Brust frei und ungeschützt der schicksalsschweren Verkündigung. Sie bewahrt Haltung, und der Engel verneigt sich vor ihr.

Aber zu Grünewalds Maria hat die Göttlichkeit keinen sanften Engel geschickt. Er bricht ein mit kaum zu ertragender Geistgewalt. Die Diagonale

57

des Geschehens läuft von oben nach unten, und eine feurige Kraft der Über-Zeugung brandet auf sie herab.

Am südlichen Bilde empfindet man jenen Gabriel, der auch sonst das Amt des Geburtsengels verwaltet und jetzt nur seinen größten Auftrag erfüllt. Grünewalds goldener Gabriel mit goldenem Szepter hingegen ist kein Mondenengel mit bleicher Lilie, sondern einer, der von der Sonnenmission des Christus wie angeleuchtet und verwandelt ist.

Was sich zu gleicher Zeit draußen ereignet, ist unwichtig, man erfährt es nicht. Das Entscheidende vollzieht sich im Innern, das gleich einer Kapelle heilig gestimmt und zur Aufnahme des Göttlichen bereit ist. Hier kann der Engel eintreten, hier kann man ihn hören, hier kann der tote Buchstabe Gestalt annehmen, sich das Lesen zur Imagination befreien und, von Inspiration durchtönt, sich zur Intuition erhöhen: Maria nimmt den Himmelsboten wahr. Man sieht die Fliesen des Bodens; bis zu dieser unteren Zone ist das Gemach reinlich, kann der Engel es berühren. Nicht im Garten auf blütengeschmücktem Rasen läßt dieser Gabriel sich nieder. Pflanzenwelt hat mit dem Menschen die Qualität des Lebens, hat

Wachstum und Entfaltung mit ihm gemeinsam.
Wo Verkündigung im Rahmen der Pflanzenwelt
gegeben wird, ist das Vorzeichen einer unpersön-
lichen ätherischen Sphäre gesetzt.

Bei Grünewald ertönt die Verkündigung im ar-
chitektonischen Innenraum, in der Sphäre der
Kultur. Kultur kann nur aus dem Innenwesen des
Menschen geboren werden, und Innenraum ist zugleich immer Symbol für die Fähigkeit, bei sich
selbst zu wohnen. Gotisch faltet sich die Decke
über der Szene; von Bäumen und Himmel ist
nicht das geringste zu sehen, aber *Geist* weht in
diesem Raume. Zart und weiß schwebt die Taube
oberhalb der Marienhände. Die Linie des grünen
Vorhangs verbindet ruhige Geistnotwendigkeit mit
seelischer Erschütterung.

Der Engel tritt von einem Außen her in den
Seelenraum ein. Dieses Außen liegt auf der Ge-
genseite zur Sinnenwelt. Es ist das Außen der
Geistwelt. Das erfahrene Herz lernt im tiefen In-
nesein beides kennen: was aus dem Selbst kommt
und was «herantritt». Mariens Seele ist geöffnet
zur anderen Seite der Welt.

Das unschöne Gestänge, das die Vorhänge trägt,
macht deutlich: Im Innersten des Innern, in der
kleinen abgeschlossenen Kammer, die Gehäuse im

59

Gehäuse ist, überrascht die Jungfrau das Ereignis. Weiter nach innen kann man nicht gehen; in der letzten Abgeschlossenheit vor der Außenwelt tut sich die Geistwelt auf. Grünewalds Bild deutet auf Kenntnis und Erfahrung mystischer Erlebnisse. Leonardos Bild ist fern davon.

Mariens Lider sind fast geschlossen, nur ein Spalt bleibt für den Blick, als wage sie nicht, sich ganz dem Geistessturm auszusetzen. Leonardos Maria ist von solcher Seelenerschütterung unberührt.

Bei Grünewald wird die aktivste Geste dem Engelsgewand übertragen. Es weht unten zurück und oben voran. Die Füße sind angekommen und können nicht weiter. Die Hand und mehr noch der Mantel übernehmen die Aktion.

Bei Leonardo braust kein Sturm, das Engelsgewand weht nicht. Es hält im Gegenteil den Engel mit seiner Schwere am Boden fest, zieht ihn herunter. Die Geste der Verkündigungshand wird von der Linie der Gartenmauer weitergetragen. Wie wichtig, daß sie unterbrochen ist! Neues setzt in diesem Augenblicke an. Senkrecht stehen die Bäume, ruhig. Ihre Spitzen weisen nach oben und fügen zur waagerechten Linie die vertikale Richtung. Die Stütze mit dem heiligen Buch kommt

diagonal der Engelsneigung entgegen und fängt
die Wirkung etwas ab, bevor sie auf Maria trifft.

Hier spricht in allem noch die Antike mit. Nicht
nur im griechischen Profil Gabriels, dessen Stirn-
linie ohne Knick in die Nasenlinie übergeht, nicht
nur im antikischen Schmuck des Pultes, sondern
auch in der inneren Haltung. Der Mensch nimmt
an, was die Götter senden – wohl oder übel, betrof-
fen oder demutsvoll. Aber der Hoheitsbezirk des
eigenen Selbstes ruht noch im letzten Ausklang
des Paradieses und ist vom Sturm des Erwachens
noch nicht erschüttert.

* * *

Wie wir sahen, ist das Verhältnis zwischen dem
Engel und Maria sehr differenziert. Man kann ver-
schiedenartige Traditionen unterscheiden. Es gibt,
auf einen kurzen Nenner gebracht, drei Varianten:

Entweder spricht der Engel von oben herab zur
knienden Maria, oder aber der Engel macht sich
klein, indem er kniet und zur stehenden Maria
aufschaut; oder der Engel und Maria stehen auf
gleicher Höhe in einem Gespräch wie Gleich-
gestellte – wenn auch in völlig anderer Daseins-
Situation.

Eine seltenere, aber besonders berührende Vari-
ante ist, wenn beide sich gegenseitig in Ehrfurcht

und Hochachtung begrüßen. In schöner Weise kommt das bei einer Verkündigung von Botticelli zum Ausdruck, wo beide auf die Knie gehen und sich voll innerlichster Ehrfurcht gegeneinander verneigen – der Mensch vor dem Engel und der Engel vor dem Menschen.

Auf einer Verkündigung in Wien, bei welcher der Engel kniend der Maria einen versiegelten Brief überbringt (ein Motiv, das selten, aber nicht einmalig ist), bauen gleichzeitig zwei Engel oben am Dach einer gotischen Kirche. Da begegnen wir einem ähnlichen Bildgedanken wie bei Altdorfers Mariengeburt – die christliche Kirche beginnt sich auf Erden zu verwirklichen!

Man kann auch sagen, daß mit diesen Geburten der Grundstein für eine völlig neue Menschheitskultur gelegt wird, die nach außen im christlichen Kirchenbau, einschließlich der dazugehörigen Malerei und Plastik, ihren ersten Höhepunkt gefunden hat. Eine Kunst und Kultur, an der Engel mitgebaut haben.

Veränderungen und Verlust

Die Veränderung, die bald einsetzt, kann einem rasch bewußt werden, wenn man Verkündigungsbilder des siebzehnten Jahrhunderts betrachtet. Welch eine Peinlichkeit für die Maler, den Engel darzustellen! So sehr sie sich auch Mühe geben – ihre als Engel verkleideten Jünglinge oder Mädchen sind so irdisch, daß sie mit ihrem Flügelpaar ganz unglaubwürdig wirken. Sie sind plastisch, fleischlich, mit nackten Armen und Beinen, was man früher vermieden hatte; sie sind körperhaft-schwer, kurz, sie sind Menschen und keine Engel. Und die Maler wollen sie ja nun auch so, denn man erobert die Erdenwelt, man will die Flächigkeit verlassen und mit immer größerem Können Dreidimensionalität auf die Leinwand zaubern.

Damit kommt man bei den Engeln in Schwierigkeiten.

Auch die alten Maler haben fest umrissene Gestalten gemalt, aber Farben und Gebärden, welche ihre Pinsel hinzauberten, waren Seelengesten voll innerlicher Frommheit. So wurden die Engel glaubhaft; das Band zu ihnen war noch nicht zerrissen.

Später wird alles äußerlich, und die Verkündigungen wirken wie Szenen auf dem Theater. So ist auch des Rubens goldblond frisierter Engel – in dem schweren Gewand mit den irdisch-dramatischen Licht- und Schattenwürfen und dem kräftigen, fleischlich-hellen Unterarm – eine Darstellerin, aber kein Engel (Abb. 19).

Selbst Rembrandt kann von dieser Entwicklung nicht ausgenommen werden, aber bei ihm kommt durch die Hell-Dunkel-Meisterschaft eine andere Komponente ins Spiel, die einen echten Fortschritt und eine neue Beseeltheit bringt.

Was fehlt diesen Bildern des siebzehnten Jahrhunderts, den verebbenden Zeugnissen zu unserem Thema? Es fehlt ein Etwas, das sich nie genau beschreiben läßt und doch in aller Kunst so wichtig ist. Bei Schauspielern und Tänzern würde man sagen: «Es fehlt die Ausstrahlung.» Es mag jemand viel können, aber wenn die Ausstrahlung fehlt, das Fluidum sich nicht bildet, das zum

*Abb. 19: Peter Paul Rubens, Mariä Verkündigung, 1609.
Wien, Kunsthistorisches Museum.*

Abb. 20: Adriaen van de Velde, Verkündigung an Maria. Amsterdam, Rijksmuseum.

Zuschauer vermittelt und ihn ergreift, dann sitzt man interesselos vor dem Geschehen.

Auch den Gestalten dieser Gemälde fehlt die Ausstrahlung. Sie wirken nackt, auch wenn sie bekleidet sind. Es fehlt die Aura. Die Aura der wahrhaftigen inneren Golddeckung, die uns bei den oft so unbeholfenen alten Bildern so sehr bewegen kann.

Die Engel der alten Maler sind bildgewordene Gottesbotschaft. Der Jüngling aber, der A. van de Velde Modell (Abb. 20) gestanden hat, wird durch hinzugemalte Flügel doch nicht himmlisch. Wir sehen, daß der Maler gut ein Knie malen konnte – dieses vorgestellte nackte Bein scheint den Künstler besonders interessiert zu haben; daran kann er die Kunst zum Ausdruck bringen, die jetzt geschätzt wird. Das Engelische am Engel *sucht* er schon gar nicht mehr. – Es wird Zeit, die Engelthemen fallen zu lassen!

Neue Engel

Und sie kommt – die Lücke, die Leere. Der Verlust der Engel.*

Als dann das zwanzigste Jahrhundert sich regt, tritt zwar bei fast allen Malern hin und wieder einmal ein Engel auf, aber eine echte Wiederfindung des Engels ist das nicht, auch nicht bei Chagall. Hingegen wird der Engel neu populär durch Paul Klee (1879 bis 1940). Aber was sind das für Wesen? Sie sehen so ganz anders aus als gewohnt. Nur der Titel, zum Glück immer dazugeschrieben, belehrt uns, daß es sich um Engel handelt. Meist sind es Zeichnungen, mit schnellem Strich hingeworfen. Eine Fülle solcher Engel, ein ganzes neues Geschlecht, wie man es in der Malerei noch nie gesehen hat, entsteht.

---

* Ganz wenige Maler, wie William Blake, bilden die Ausnahme und müßten gesondert behandelt werden.

Losgelöst von jedem religiösen Thema, ja von jeder Handlung oder Szene überhaupt, tragen sie ihre eigene Szene in sich. Ihr Drama ist ein psychisches. Sie sind gewissermaßen der reinste Ausdruck dessen, was Klee «mein Urgebiet», nämlich die «psychische Improvisation» nennt. «Erlebnisse notieren, die sich selbst in blinder Nacht in Linien umsetzen könnten.» Er braucht gar keine Augen, keinen physisch-prüfenden Blick bei diesen von innen gelenkten Notationen, die sein sicherer Strich aufs Papier setzt und die nicht selten ein «Engel» werden.

Es sind kindliche Geschöpfe mit kurzen Beinchen und noch unausgebildeten Händchen. Aber es ist nicht die Wieder-Auferstehung der alten Kinderengel. Sie haben Witz und Schalk, wie etwa der *Schellenengel*, und sind gänzlich unnaturalistisch – falls man bei einem Engel von Naturalismus sprechen darf.

Hin und wieder wird es auch ernster, und es entsteht mit weißen Strichen auf schwarzem Grund der *Wachsame Engel*. Sein Gesicht ist nur zum Blicken da – nur Augen, kein Mund.

Genial ist *Der vergeßliche Engel* (Abb. 21) – mit den niedergeschlagenen Augen und den unsicher zusammengekrampften Händen. Man sieht ihm

*Abb. 21: Paul Klee, Vergeßlicher Engel, 1939, 880 (VV 20),
Bleistift auf Konzeptpapier.
Paul-Klee-Stiftung, Kunstmuseum Bern.*

an, wie durch und durch peinlich ihm ist, was er mit seiner Vergeßlichkeit angerichtet hat. Klee hätte ja auch einen vergeßlichen Menschen zeichnen können – aber das wäre etwas ganz anderes. Dieser Engel ist die Seelenstimmung selbst: Sich-Schämen über die Vergeßlichkeit. Der Mensch, der vergeßlich war, hat es vielleicht gar nicht bemerkt, aber da ist etwas in ihm, in dem sich das Versagen dennoch manifestiert. «Es» schämt sich für uns und ist doch zugleich mit uns identisch – ist unser Engel, der unser Versagen mitträgt.

Diese Wesen haben mit den hierarchischen Engeln, die als reine Boten Gottes Aufträge erfüllen, nichts zu tun. Sie sind dem Menschen ausgeliefert und noch ganz im Werden gedacht, mit kurzen Gliedmaßen und kindlichen Gesichtern. Und so heißen sie auch: *Engel im Kindergarten*; *Engel noch häßlich*; *Engel noch weiblich*; *Engel noch tastend*. – «Noch», ein Zustand also, der überwunden werden soll. Es sind Engel, die wir in uns haben (so auch der *Engel voller Hoffnung*) und die sich mit und durch uns entwickeln. Seelenstimmungs-Engelchen, die sich bilden und wachsen als Teil unseres inneren, unsichtbaren Wesens.

Es gibt aber auch eine farbige Arbeit, Öl auf

Sperrholz, die *Engel im Werden* heißt und überhaupt nichts engelhaft Figürliches zeigt, sondern nur Farbzonen, die von verschiedenen Seiten her zusammenströmen und sich überdecken; und in diese hineingesetzt sind: ein Kreis mit Doppelrand (Sonne?), ein Dreieck und ein Kreuz. Man ahnt nicht, in welcher geheimnisvollen Alchemie sich hier ein Engel bilden soll.

Wenn ein Engel das Frühstück serviert – auf einem Tablett Kaffeekanne und Eierbecher tragend –, dann wagt man nicht, dies in auch nur entferntem Zusammenhange mit den alten Verkündigungsengeln zu denken, sondern sieht die liebevolle Anrede an einen Menschen «Du bist ein Engel» (weil du mir das Frühstück ans Bett bringst) in Zeichnung umgesetzt.

So sind Klees Geistlein ein leichtes, psychologisches Geschlecht. Dem Thema fügte Klee damit zweifellos etwas Neues hinzu. Es beginnt gewissermaßen der Aufbau des Engelbildes von unten, vom Menschen her, aber wiedergewonnen ist das einstige große Thema noch nicht. Das ist auch von einem einzelnen nicht zu erwarten – und vor allem, es ist ohne Änderung unseres gesamten materialistischen Weltbildes nicht möglich. Solange wir Engel nicht denken können (und wollen), werden sie sich auch nicht finden und nicht von uns in die Sichtbarkeit ziehen lassen. Fragen wir zum Abschluß: Wird der Weg, sie wiederzufinden, überhaupt beschritten?

Der rote Engel

Unser Auge fällt auf ein Bild, das in den letzten Jahren durch verschiedene Ausstellungen gegangen ist und Beachtung erregt hat. Darauf ist der Engel das Hauptthema. Es heißt auch einfach *Engel* (Abb. 22).

Ein großer, roter Engel hebt sich, das Bild ausfüllend, vor unserem Blick. Er trägt etwas Lichtes in der Mitte, goldgelblich, in einem weißen Lichtoval. Eine Kerze? Eine kleine Gestalt? Der Engel fährt aufwärts. Schmal hebt sich sein Wesen von der Erde ab – sein «Leib» kann man nicht sagen, denn er ist zwar gestalthaft, aber auch verfließend und in den Umkreis hineinvibrierend. Er ist viel größer als der Kern seiner Gestalt; man ahnt ihn weit ausgedehnt, ja, als ein Wesen, das keine festen Grenzen hat.

Unten sieht man schwarze Gestalten um ein Rechteck. Man begreift: Trauer, Sterben, Tod.

Und darüber der Engel, der das Unvergängliche emporträgt. Wie einst der Geburten-Verkündigungs-Engel ist es auch hier ein Bote; aber er erscheint beim Tode. Die leichte Neigung seines Kopfes bricht jede hieratische Strenge. Er ist ein Wesen, das uns vertraut ist; obgleich übermenschlich. Und dem wir vertraut sind. Zu der Seele, die er trägt, scheint er eine liebevolle Beziehung zu haben.

Dabei ist alles Andeutung; und alles ist flächig, unräumlich. Kein Versuch, auf alte Art eine fest umrissene oder gar plastische Gestalt auszudrükken. Ganz deutlich ist, dieses Wesen gehört einem anderen Bereich an – einem durchsichtigen, flutenden, bewegten. Einem Bereich, wo man sich ausdehnt oder zusammenzieht nach anderen als irdischen Gesetzen und Möglichkeiten. Es ist ein ganz neuer Engel, obgleich er die Kontinuität zu dem Entwicklungsweg, den die christliche Kunst mit diesem Thema gegangen ist, durchschimmern läßt und aufnimmt.

Er hebt sich wie von selber empor. Sanft und leise? Oder gewaltig rauschend, nur, daß unser Ohr es nicht vernimmt? Gestalt und Flügel sind eins. Eine Farbe, eine Substanz. Nichts ist «angewachsen» und hinzugefügt als Vogelschwingen.

Abb: 22: Ninetta Sombart, Engel.

Dies Wesen als solches ist beschwingt. Sein Rot flutet pulsierend zwischen Leibes- und Schwingenform. Darin Goldocker, nach oben strebend. Er muß nichts «tun», es trägt ihn von selbst. Sein Wesen trägt ihn. Seine Flügel werden sich ausbreiten, wenn sein Wesen sich entsprechend regt. In ihm gibt es keine Diskrepanz zwischen Leib-Begrenzung und Wollens-Regung, zwischen Äußer- und Innerlichkeit.

Ihn sehen heißt – das alles verstehen. Wahrlich, ein Engel.

Epilog.
Jakobs nächtlicher Kampf

Das Nachfolgende soll Epilog genannt sein. Thematisch führt es uns hinter die christliche Zeit zurück ins Alte Testament. Aber man kann die geschilderte Szene – eine der dramatischsten Engel-Begegnungen, die uns überliefert sind – als eine Situation empfinden, zu der sich unsere Gegenwart wie im Spiegelbilde verhält. Deshalb sei sie abschließend und zugleich in die Zukunft öffnend an den Schluß gestellt.

Das Alte Testament ist voll von Berichten über Engelerscheinungen, aber die jüdische Kultur hat sie nicht verbildlicht; erst im Bereich des Christentums gewannen sie diese einprägsame Bilderpräsenz: der Engel, der Abraham zurückhält, als er seinen Sohn opfern will, Manoahs Opfer, Tobias mit dem Fisch und vor allem: Jakobs Ringen mit dem Engel.

Während in der Kunst, die sich dem Neuen Testament widmet, die Szene der Verkündigung an Maria als die Spitze aller Engelbegegnungen die Maler unendlich oft zur Darstellung reizte, sind es im Alten Testament im wesentlichen Männer-Erlebnisse, die sich als einprägsam überliefert haben. Solche gibt es zwar im Neuen Testament auch – bei Zacharias, dem Vater Johannes des Täufers, bei Joachim und Anna, die getrennte Engeloffenbarungen erfahren (nach den Apokryphen), bei den Königen, den Hirten auf dem Felde und bei Joseph –, aber bei der Verkündigung, besonders wie sie im Abendlande aufgefaßt wurde, ist die Nähe und das persönliche Gegenüberstehen von Mensch und Engel am stärksten und zugleich am intimsten. Hier erfährt die menschliche Seele die unmittelbare, ganz persönliche Ansprache, und zugleich wird ihre Lebensmission aufgedeckt.

Im Alten Testament ist Jakobs Kampf mit einem göttlichen Wesen an Nähe und Intensität der Begegnung nicht zu übertreffen. Dabei ist die Aussage der Bibel eher knapp und läßt vieles offen (1. Mose 32,24 ff.). Nach zwanzig Jahren Dienst bei Laban ist Jakobs Leben plötzlich stark in Bewegung geraten. Mit seinen zwei Frauen, all seinen Kindern, Mägden, Knechten und riesigen Herden

*Abb. 23: Rembrandt Harmensz van Rijn,
Jacob ringt mit dem Engel.
Berlin, Gemäldegalerie.*

zieht er während Labans Abwesenheit heimlich fort, um in die Heimat, nach Kanaa, zurückzukehren. Er tut das nicht (nur) aus eigenem Antrieb, sondern auf Gebot «des Herrn»; überhaupt hatte Jakob mit diesem Herrn und mit dem «Engel Gottes» schon vorher vielerlei Erlebnisse.

Laban reist Jakob nach, versöhnt sich aber mit ihm. So hat Jakob zwar diesen Konflikt glücklich überstanden, vor ihm aber liegt die Begegnung mit seinem Bruder Esau, den er einst um das Erstgeburtsrecht und den großen Segen des Vaters betrogen hatte. Esau wird er in der Heimat wiedertreffen. Und ihm bangt davor. Um ihn milde zu stimmen, schickt er ihm von seiner Herde reiche Geschenke entgegen, dann führt er nachts seine Frauen und Kinder über eine Furt, «daß hinüberkam, was er hatte. Und blieb allein».

Ganz unvermittelt heißt es: «Da rang ein Mann mit ihm, bis die Morgenröte anbrach.». Es heißt nicht «Engel», wie es vorher öfter geheißen hat, es heißt auch nicht «der Herr», sondern einfach: «ein Mann». Warum er Jakob angreift, was er von ihm will, darüber wird nichts gesagt. Jakob spürt nur im Dunkel der Nacht, daß er mit einer übersinnlichen Macht kämpfen muß, die ihn besiegen, ihn überwinden will. Aber Jakob will sich nicht überwinden lassen, und es gelingt ihm standzuhalten. Der geheimnisvolle Kämpfer berührt ihn zwar an der Hüfte so, daß er von da ab hinken wird, aber als der Tag heraufkommt, bittet er ihn: «Laß mich gehen, denn die Morgenröte bricht an.» Es ist ein Nachterlebnis, das ein Nachterlebnis bleiben soll; wenn der helle Tag anbricht, kann es sich nicht fortsetzen. Aber Jakob ist so stark, daß nun er den Kampf diktiert, und er läßt den Unbekannten nicht fort. Offensichtlich spürt und weiß Jakob die ganze Zeit über, daß er mit einem Wesen göttlicher Natur kämpft, also nicht mit einem Dämon, nicht mit etwas Bösartigem, denn er sagt jetzt den berühmt gewordenen Satz: «Ich lasse dich nicht, du segnest mich denn.»

Dieses Kernwort wird für Jahrtausende bis zu den christlichen Mystikern, bis in die Gegenwart hinein ein Schlüsselwort bleiben, wenn ein Mensch darum ringt, mit dem Göttlichen in einen gerechten Bezug zu kommen. Was bei anderen Engel- oder Herrenoffenbarungen nie zu erfahren war, wird plötzlich Realität: daß man kämpfen kann, ja *muß* mit dem, was als göttliche Gewalt oder Strenge den Menschen überkommt. *Warum* will das Göttliche dies, und warum ist der Sieg für den Menschen nun besser als seine Unterwerfung?

Handelt es sich um eine Prüfung, die den Rang des Menschen erprobt, indem sie seine Kraft herausfordert?

Als Jakob seinen Gegner nicht entlassen will, ohne von ihm Segen erlangt zu haben, fragt dieser, als wüßte er es nicht: «Wie heißt du?» Und Jakob nennt seinen Namen. Darauf der Göttliche: «Du sollst nicht mehr Jakob heißen, sondern Israel, denn du hast mit Gott und den Menschen gekämpft und bist obgelegen.»

Mit diesem Namen empfängt Jakob zugleich seine höhere Mission, empfängt seinen höheren Namen, der im Himmel für ihn aufbewahrt ist; aber um ihn auf Erden Realität werden zu lassen, mußte Jakob erst diesen Kampf bestehen. Jakob ist trotz dieser langen, schweren Nacht noch immer so sehr bei Kraft und Bewußtsein, daß er nun auch den Namen des Unbekannten wissen will. Aber der erwidert nur: «‹Warum fragst du, wie ich heiße?› Und segnete ihn daselbst.» Nun ist Jakobs Bitte in Erfüllung gegangen, er erhält den Segen. Und in diesem Segen lag wohl auch die Kraft, die ihn erfahren läßt, mit wem er gekämpft hat, denn es heißt: «Und Jakob hieß die Stätte Pniel. Denn ich habe Gott von Angesicht gesehen, und meine Seele ist genesen.» – Danach geht die Sonne auf. Und Jakob hinkt an seiner Hüfte.

Das Wort «Engel» wird in der ganzen dramatischen Szene nicht gebraucht. Die christliche Kunst hat zwar einen Engel daraus gemacht, wie sie es in vielen Fällen tat, wo es in der Bibel nur «Männer» heißt, aber es ist deutlich: Hier ist kein Bote, der zu Jakob mit irgendeiner Weisung geschickt wäre, sondern Jakob empfindet den Kampf als ein Ringen mit dem Göttlichen selbst. Der Gott seines Volkes hat ihn geprüft, als Jakob offenbar in einem absoluten Tief seiner Seele war. Er muß «krank» gewesen sein an seiner Seele, denn er fühlt sich nun «genesen». Krank aus Angst vor Esau, aus Sorge um sich und seine ganze Familie.

Die dramatische Situation hat sich vorbereitet: zum einen in der Aufgewühltheit der Seele Jakobs, zum anderen in den bereits vorausgegangenen Weisungen, Botschaften und Versprechungen des Herrn oder seiner Engel. Sie zeigten stets, daß Jakob bereit war zu gehorchen, er widersetzte sich keinem göttlichen Befehl. Die letzte Engelerfahrung vor dieser entscheidenden Nacht wurde ihm noch nach der Versöhnung mit Laban zuteil. Da heißt es: «Jakob aber zog seinen Weg, und es begegneten ihm die Engel Gottes. Und da er sie sah, sprach er: ‹Es sind Gottes Heere›, und hieß die Stätte Mahanaim.» Da er den irdischen Ort danach benennt, muß die Engelerfahrung stark und deutlich gewesen sein, aber sie ist weder so gewaltig noch so persönlich wie der nächtliche Kampf.

Eine geheimnisvolle Verbindung besteht zwischen dem nächtlichen Ereignis und der darauffolgenden Begegnung mit dem Bruder. Die Furcht vor Esau hat Jakob in die Seelennot der Nacht gestürzt; als sie sich aber begegnen, zeigt Esau sich freundlich und empfängt ihn brüderlich. Der beglückte Jakob sagt: «Ich sah dein Angesicht, als sähe ich Gottes Angesicht.» Da kehrt, nur wenige Verse später, das Wort vom Angesicht Gottes, das er erblickt hat, wieder. Jakob hat wohl in dieser Nacht seine einstige Schuld an Esau abgegolten. Vermutlich wäre die Begegnung mit Esau anders verlaufen, wenn Jakob den nächtlichen Kampf nicht bestanden hätte.

Sehen wir uns die Situation genauer an. Die Verbindung zu Esau, die lange geruht hatte, als Jakob in der Fremde war, tritt nun plötzlich erneut in ein aktuelles Stadium. Und erneut aktuell werden dadurch die einstigen Handlungen Jakobs an Esau und deren Folgen. Jakob hatte damals seinem hungrig heimkehrenden Bruder ein Linsengericht verweigert, das er gerade zubereitet hatte. Er forderte, die Situation Esaus ausnutzend, von ihm das Erstgeburtsrecht als Gegengabe. Und der hungrige und nicht sehr kluge Esau überließ es ihm. Danach erschlich er sich mit Hilfe seiner Mutter den großen Segen des blinden Vaters Isaak. Vor Esaus Zorn war er dann zu Laban geflüchtet, dem Bruder seiner Mutter im fernen Syrien.

Wenn Jakob vor Esau bangt, so nicht deshalb, weil dieser ein böser oder feindlicher Mann wäre, sondern weil Jakob seine eigene Schuld entgegenkommt. In dem großen Segen, den Isaak ihm unwissentlich anstelle seines erstgeborenen Bruders gab, heißt es: «Völker müssen dir dienen ... sei ein Herr über deine Brüder.» Diesen Segen konnte Esau dann nicht mehr erhalten, er war weggegeben an Jakob. War das nun unrechtmäßig? Esau hatte ja sein Erstgeburtsrecht abgetreten (nur Isaak wußte nichts davon). Und zum anderen: Schon als Rebecca mit den Zwillingsknaben schwanger ging, sagte ihr der Herr voraus: «Zwei Völker sind in deinem Leibe ... und der Größere wird dem Kleineren dienen.» Warum, so möchte man fragen, ließ der Herr nicht Jakob als Ersten aus dem Leibe der Mutter gehen, wenn er, der Kleinere,

Schwächere, aber viel Klügere doch dazu ausersehen war, der Erste zu sein? Eine allzu menschliche Frage. Ganz offensichtlich mußte das alles ins Spiel kommen: die etwas tumbe und geistig unachtsame, grobe Art Esaus und die feingeschliffene Klugheit Jakobs (und seiner Mutter). Obwohl Jakob zu diesem Betrug an Vater und Bruder imstande war, heißt es doch immer und zeigt sich auch später, daß gerade er ein frommer, ein Gott gehorsamer Mann war. Und ein hellsichtiger auch, dem ein Leben lang der Herr und seine Engel immer wieder sichtbar wurden oder zu ihm sprachen.

Was Isaak in dem großen Segen Jakob verheißen hat, es wird in der geheimnisvollen Nacht von Gott bestätigt: Jakob erhält den Namen Israel. Das geschieht, bevor die Brüder einander begegnen. Die Situation ist jetzt so, wie es vor der Geburt schon bestimmt war. Mensch und Geisteswille sind nun eins. Aber es war eine schwere Nacht für Jakob, und er blieb sein ganzes Leben davon gezeichnet; die Geisterfahrung drückte sich bis in die Leiblichkeit ab – er mußte hinken. Etwas von der alten Schuld hängt weiter an ihm, muß ausgeglichen und ausgetragen werden.

Es ist eine starke Geschichte. Sie hat einen

urbildhaften Kern, der übrigbleibt, auch wenn man von allem absieht, was zeit- und volksbedingt mit dem Geschehen zusammenhängt. «Ich lasse dich nicht, du segnest mich denn» – für jeden kann dieses Wort in schwerer Prüfungszeit aktuell werden.

Bleibt noch die Frage: War das nun überhaupt eine Engel-Begegnung? Ist nicht gesagt: «Du hast mit *Gott* ... gekämpft und bist obgelegen?» Und bekennt nicht Jakob selbst: «Ich habe *Gott* von Angesicht gesehen»?

Als das Angesicht Jahwes wurde zur Zeit des Alten Testaments der Erzengel Michael bezeichnet; damals zugleich auch der besondere Schutzgeist des auserwählten Volkes. War Jakob also von Michael zum Kampf gerufen worden? Dann haben die Maler doch recht, die Jakobs Kampf mit dem «Mann» als Kampf mit einem Engel darstellen. Freilich ist es hier weniger ein Bote als vielmehr der Engelfürst – wie Michael auch bezeichnet wird – selber.

Jakob ist ein besonderer Repräsentant der Klugheit, und Michael ist der übersinnliche Hüter der Intelligenz. Jakob, der Listenreiche, hat die Zweischneidigkeit kennengelernt, die der Intelligenz innewohnt, sobald sie irdisch gehandhabt wird. Er, als Träger irdischer Klugheit, muß sich mit Michael auseinandersetzen.

Was damals seinen Anfang nahm, indem es keimhaft in die Menschheit Einzug hielt, ist heute gewaltig ins Kraut geschossen. An Intelligenz ist kein Mangel. Aber werden wir nicht im Grunde vor jedem Einsatz von Mitteln, die unserer Intelligenz entsprungen sind, von Michael zum Kampfe gefordert? Steht nicht immer die Frage da, ob dieser Einsatz vor Michaels Augen bestehen kann, ob er gerechtfertigt ist vor seiner kosmischen Einsicht? Müßte unsere Klugheit sich nicht stets der Prüfung seiner weltumfassenden Intelligenz stellen? Wir «hinken» auf so vielen Gebieten unseres Lebens, weil wir Intelligenz ohne Moral angewendet haben und den Rückschlag erleiden, den wir durchaus nicht immer als solchen erkennen. Denn wir sind des Engels noch nicht bewußt geworden, der uns mit stummer Frage entgegentritt. Michaels Forderung kämpft heute *in uns* mit unserer allzu irdischen Klugheit. Halten wir durch bis zu dem Punkt: «Ich lasse dich nicht, du segnest mich denn»?

Bildnachweis

Für die zur Verfügung gestellten Bildvorlagen und die freundliche Genehmigung zur Reproduktion danken wir:

Alinari, Florenz *Abb. 2*

Archiv für Kunst und Geschichte, Berlin *Abb. 14, Abb. 16, Abb. 17*

Bayerische Staatsgemäldesammlungen, München *Abb. 3, Abb. 11;* Foto: Artothek, Peissenberg *Abb. 11*

Badische Landesbibliothek, Karlsruhe *Abb. 7, Abb. 8*

Bildarchiv Preußischer Kulturbesitz, Berlin. Foto: C. P. Anders *Abb. 12, Abb. 23*

British Library, London *Abb. 9*

Bruckmann-Bildarchiv, München *Abb. 18*

Fürstlich Hohenzollernsche Hofkammer, Sigmaringen; Foto: Verlag Schnell & Steiner, München / Kurt Gramer, Bietigheim-Bissingen *Abb. 1*

Kunsthistorisches Museum, Wien *Abb. 19*

Rheinisches Bildarchiv, Köln *Abb. 5, Abb. 10*

Rijksmuseum-Stichting, Amsterdam *Abb. 20*

© Ninetta Sombart, Arlesheim *Abb. 22*

Staatsbibliothek Bamberg, Sign.: Msc. Bibl. 140, fol. 57r *Abb. 6*

Universitätsbibliothek Göttingen *Abb. 4*

© VG Bild-Kunst, Bonn. Foto: Kunstmuseum Bern *Abb. 21*

falter

*In der Lösung von Rätseln, die uns die eigene Seele aufgibt,
entfaltet sich das Geheimnis der menschlichen Freiheit.*

1
Einsamkeit
von Adam Bittleston

2
Vom Engel berührt
Schicksalsbegebenheiten
erzählt von Dan Lindholm

3
Weihnachten
Die drei Geburten des Menschen
von Georg Kühlewind

4
Lebenskrisen
Zwölf Schritte zu ihrer Bewältigung
von Julian Sleigh

VERLAG FREIES GEISTESLEBEN

falter

*In der Lösung von Rätseln, die uns die eigene Seele aufgibt,
entfaltet sich das Geheimnis der menschlichen Freiheit.*

5

Meditation und Christus-Erfahrung

Wege zur Verwandlung des eigenen Lebens
von Jörgen Smit

6

Das Leben meistern

Zur Praxis des achtgliedrigen Pfads
von Adam Bittleston

7

Das helfende Gespräch

Schritte der Ich-Tätigkeit
von Paul von der Heide

8

Zeit des Sterbens

Vom Hingang eines alten Menschen
von Almut Bockemühl

VERLAG FREIES GEISTESLEBEN

falter

*In der Lösung von Rätseln, die uns die eigene Seele aufgibt,
entfaltet sich das Geheimnis der menschlichen Freiheit.*

9
Erfüllte Zeit
Von Meditation und Gebet
und von den Wochentagen
von Adam Bittleston

10
Der Reiter und das Mädchen
Wandlungen einer ersten Liebe

11
Vom Rätsel der Angst
Wo die Angst begründet liegt,
und wie wir mit ihr umgehen können
von Henning Köhler

12
Alchemie der Nähe
Die Begegnung von Frau und Mann
von Dorothea Rapp

VERLAG FREIES GEISTESLEBEN

In der Lösung von Rätseln, die uns die eigene Seele aufgibt,
entfaltet sich das Geheimnis der menschlichen Freiheit.

13
Hören auf den Grund des Lebens
Begegnungen mit dem Schicksal
von Ursula Grahl

14
Turm am Wasser
Die Linien des Lebens:
Hölderlin und Charlotte Zimmer
von Inge Ott

15
Ein neues Sehen der Welt
Gegen die Verschmutzung des Ich
von Jacques Lusseyran

VERLAG FREIES GEISTESLEBEN